BEI GRIN MACHT SICH IHR WISSEN BEZAHLT

AF144430

- Wir veröffentlichen Ihre Hausarbeit,
  Bachelor- und Masterarbeit

- Ihr eigenes eBook und Buch -
  weltweit in allen wichtigen Shops

- Verdienen Sie an jedem Verkauf

Jetzt bei www.GRIN.com hochladen und kostenlos publizieren

Bibliografische Information der Deutschen Nationalbibliothek:

Die Deutsche Bibliothek verzeichnet diese Publikation in der Deutschen National-
bibliografie; detaillierte bibliografische Daten sind im Internet über http://dnb.d-
nb.de/ abrufbar.

Impressum:

Copyright © 2004 GRIN Verlag, Open Publishing GmbH
Druck und Bindung: Books on Demand GmbH, Norderstedt Germany
ISBN: 9783640568222

Dieses Buch bei GRIN:

http://www.grin.com/de/e-book/146809/lawrence-a-blum-freundschaft-als-morali-
sches-phaenomen

Ulrike Hammer

Lawrence A. Blum - Freundschaft als moralisches Phänomen

GRIN Verlag

GRIN - Your knowledge has value

Der GRIN Verlag publiziert seit 1998 wissenschaftliche Arbeiten von Studenten, Hochschullehrern und anderen Akademikern als eBook und gedrucktes Buch. Die Verlagswebsite www.grin.com ist die ideale Plattform zur Veröffentlichung von Hausarbeiten, Abschlussarbeiten, wissenschaftlichen Aufsätzen, Dissertationen und Fachbüchern.

Besuchen Sie uns im Internet:

http://www.grin.com/

http://www.facebook.com/grincom

http://www.twitter.com/grin_com

Christian-Albrechts-Universität zu Kiel

Philosophische Fakultät

Institut für Philosophie

Unterstufenseminar: Philosophie der Freundschaft

Sommersemester 2004

Referatsausarbeitung zu Lawrence A. Blums
„Freundschaft als moralisches Phänomen"

Ulrike Hammer

1. Fach: Neuere deutsche Literatur- und Medienwissenschaft

2. Fach: Ältere deutsche Literatur- und Sprachwissenschaft

3. Fach: Philosophie

Gliederung

1. Vorwort

Lawrence A. Blum ist ein zeitgenössischer Philosoph der Moralphilosophie. Er unterrichtet als Dozent an der Universität Boston, Massachusetts. Hauptsächlich hat er Werke und Schriften über die Phänomenologie der Facetten von Moralität in heutigen Gesellschaftsstrukturen verfasst, wie beispielsweise „MORAL PERCEPTION AND PARTICULARITY", Cambridge University press, 1994.

Im Folgenden wird das Kapitel „Freundschaft als moralisches Phänomen" aus seinem Buch FRIENDSHIP, ALTRUISM AND MORALITY" (London /Boston/Melbourne, Henley-on-Thames Routledge & Kegan Paul, 1980) untersucht.

Auffällig an diesem Text ist, dass Blum zur Untermauerung seiner Thesen ein Frauenbeispiel nutzte, was im Gegensatz zur Tradition steht, denn von den meisten Philosophen wurden für die Darlegung von Freundschaft nur Männerbeispiele verwendet, da sie Freundschaften zwischen Frauen als unwichtig und für wissenschaftliche Zwecke irrelevant empfanden. Blum beschreibt das Vorhandene und nicht das Ideale in der Freundschaft, wie auch Aristoteles es schon getan hat. Er gilt unter anderem auch wegen der Verwendung plausibler Beispiele von Frauenfreundschaften, die sich mit der Erfahrung decken, als Vorreiter für die feministische Ethik.

In dieser Arbeit werden seine Thesen zur Moralität von Freundschaft und seine Abgrenzungen, zum Beispiel zu Kant´s Konzeption von Freundschaft und zu Kierkegaards Universalismus und seine Bezugnahme auf die traditionelle Konzeption bzw. Teile der Konzeption von Aristoteles aufgezeigt.

2. Hauptthesen des Textes

Blum analysiert die Existenz von Freundschaft als eigenständiges moralisches Phänomen. Auch Aristoteles hat die Freundschaft als moralisches Phänomen angesehen, und ihr als integralen Bestandteil einer Ethik einen hohen Stellenwert angerechnet. Sören Kierkegaard hingegen hat ihr keine volle ethische Bedeutung zugestanden hat, sondern sie fällt seiner Auffassung nach vielmehr unter ästhetische Bestimmungen. Denn: „Wer die Freundschaft ethisch betrachtet, sieht sie also als eine Pflicht."[1]

---

[1] Sören Kierkegaard „Freundschaft und das Ethische in: Philosophie der Freundschaft, Hg.: Klaus-Dieter Eichler, Reclam Leipzig 2000, S. 146

Jedoch gibt er auch zu, dass in der Freundschaft etwas ethisches sein muss, denn: „[...] die Freundschaft trage dazu bei, dass man ethisch die Wirklichkeit gewinnt."[2]

Blum stellt zwei Thesen auf, die deutlich machen, dass freundschaftliches Handeln nicht nur gut oder angemessen, sondern auch moralisch gut, wenn nicht sogar moralisch vorzüglich sein kann.

Die erste These stellt dar, dass Akte der Freundschaft dementsprechend gut sind, wenn dieses Handeln mit Rücksicht auf eine andere Person um seinetwillen geschieht. Damit soll nicht ausgedrückt werden, dass jede altruistische Handlung moralisch vortrefflich sei. Einige Handlungen, wie Rücksichtnahme, Anteilnahme und eine gewisse Fürsorge werden in einer Freundschaft vorausgesetzt und das Nicht-Handeln einer der Personen würde ein moralisches Versagen darstellen.

Die zweite These Blums besagt, je tiefer und stärker die Sorge um den Freund und somit je stärker der Wunsch und die Bereitschaft ist, zum Wohl des Freundes zu handeln, desto höher ist der moralische Wert. Eine Freundschaft mit einem hohen Grad moralischer Vorzüglichkeit zeichnet sich durch folgende Merkmale aus: Anteilnahme, Fürsorge, Sympathie und die Bereitschaft mehr von sich zu geben als gemeinhin üblich ist bzw. erwartet wird.

Die Fürsorge beruht auf der Kenntnis des anderen, auf Vertrauen und Vertraulichkeit, was nur allmählich entstehen kann. Es kommt oft zu einer starken Identifizierung mit dem Wohl des anderen und man gibt uneigennützig viel von sich selbst. Wobei man dies nicht als Opfer betrachtet und sich der Unterschiedenheit des jeweils anderen bewusst ist.

Blum nutzt für die Darstellung einer solchen Freundschaft ein Beispiel von zwei sehr verschiedenen Frauen. In diesem Beispiel zeigt er auf, dass man aufgrund der Fürsorge sehr offen zueinander sein kann. Denn das Wissen um die Fürsorglichkeit der anderen Person hat immer Bestand, auch wenn manche Reaktionen in praktischer Hinsicht manchmal nicht hilfreich sind. Das Niveau der einzelnen Merkmale ist gegenüber Nicht-Freunden im allgemeinen weitaus niedriger und besitzt zudem einen anderen Charakter, besonders im Hinblick auf die Identifizierung mit dem Wohl des anderen. Blum bezeichnet die Summe dieser moralisch hoch bedeutsamem Merkmale von Freundschaft als „innige Fürsorge für den anderen und Identifizierung mit seinem Wohl"[3].

---

[2] Sören Kierkegaard „Freundschaft und das Ethische in: Philosophie der Freundschaft, Hg.: Klaus-Dieter Eichler, Reclam Leipzig 2000, S. 146
[3] L.A. Blum „Freundschaft als moralisches Phänomen in: Deutsche Zeitschrift für Philosophie 45, 1997, S. 217-233, Kapitel I, S.: 219

Weiterhin grenzt Blum diese Merkmale von Freundschaft von der Norm der „romantischen Leidenschaft" ab. Die „romantische Leidenschaft" enthält zwar ähnliche Formen der Hingabe, die auch moralisch verdienstvoll sind, wie die Freundschaft. Doch diese dienen in den meisten Fällen der Selbstaufgabe, da in solchen Fällen das Handeln für den anderen um dessentwillen meist oberflächlich, wenn auch sehr intensiv ist. Somit ist die Kenntnis der eigenen und anderen Unterschiedenheit nicht gegeben.

Er folgt hier der Freundschaftskonzeption des Aristoteles, denn auch dieser hat philia von eros getrennt, denn in der Nutzen- und Lustfreundschaft ist es oft der Fall, dass man sie nicht um des Freundes willen eingeht, sondern um selbst einen besonderen Nutzen zu erlangen. Viele andere Philosophen haben dies nicht getan, sondern eher beschrieben, dass die Freundschaft und die „romantische Liebe" sich gleichen und sogar auseinander entstehen bzw. sich auch einander ausschließen (Vgl. Sören Kierkegaard, „Freundschaft und das Ethische" in PHILOSOPHIE DER FREUNDSCHAFT, S. 140; „[...], dass die Freundschaft ganz und gar verbleicht, wenn die Liebe anhebt, sich geltend zu machen.; [...] Sie ließen also die Liebe fahren, [...]. Sie wählten nunmehr die Freundschaft.").

3. Konzeptionen von Freundschaft

Im weiteren Verlauf des Textes wendet sich Blum einigen Konzeptionen zu, die die moralische Bedeutsamkeit von Freundschaft leugnen. Die Gegenargumente Blums machen deutlich, dass diese Konzeptionen für das heutige Verständnis von Freundschaft nicht richtig sein können.

3.1. Freundschaft als „Naturprozess"

In der ersten Konzeption, die unter anderem von Bernard Mayo vertreten wird, wird Freundschaft als eine Art Naturprozess dargestellt, als etwas, dass einem ´einfach` nur widerfährt. Der Verlauf der Freundschaft ist als natürlicher Bestandteil des menschlichen Lebens den jeweiligen Gefühlen unterworfen und daher nicht steuerbar. Somit kann Freundschaft nicht moralisch vorzüglich sein.

Blum bringt gegen diese Konzeption von Freundschaft zwei Argumente an. Zum einen ist der Grad der Fürsorge und Selbsthingabe bei jedem Menschen und zudem bei jeder Freundschaft vollkommen unterschiedlich, was moralisch bedeutsam seine kann.

Ein weiteres Gegenargument sagt aus, dass man Freundschaft nicht bloß als eine Art Naturprozess ansehen kann, denn Freundschaft basiert auf unserer „moralischen Aktivität", die sich in Form einer „Orientierung unseres Selbst auf einen anderen"[4] und somit keinen Prozess, der uns einfach nur widerfährt und nicht gesteuert werden kann darstellt.

3.2 Ausdehnung des Selbst

Eine weitere Konzeption der Freundschaft besagt, dass das Handeln zum Wohl des anderen lediglich das eigene Wohl befördert. Mit dieser These wird Freundschaft im moralischen Sinn vollständig ausgeschlossen. Blum ist hier der Meinung, dass dies in einer ´echten` und aufrichtigen Freundschaft nicht der Fall sein kann. Denn eine Freundschaft setzt eine gegenseitige Verbindung von eigennützigen und uneigennützigen Motivationen und Interessen voraus, da sie je nach unterschiedlicher Perspektive anders gedeutet werden können und somit nicht trennbar sind. Solch eine Konzeption von Fürsorge wird auch von M. Mayerroff in On Caring (New York, 1971)[5] wirkungsvoll behandelt. Blum betont aber, dass diese Motivationen nur Hintergrundbedingungen und Bedeutungskontext unseres Handelns sind und somit die Handlung zum Wohl unseres Freund vollständig altruistisch sein kann.

3.3 Egoismus

Aristoteles hat in seiner Ethik beschrieben, dass es Personen gibt, die unfähig sind zu einer derartigen Freundschaft, wie von Blum beschrieben. Eine vollkommen egoistische Person könnte keine Freundschaft im ausgeprägten Sinne führen.

Die aufgeführte Konzeption des Egoismus fungiert jedoch nicht als Gegenkonzeption, sondern als Einschränkung der moralischen Bedeutsamkeit von Freundschaft. Derartige Freundschaften können nicht moralisch vorzüglich sein, da sie zu sehr auf egozentrischen Erwägungen beruhen. Dennoch kann ein egoistischer Mensch Freunde haben, jedoch nur insofern es Menschen gibt, die er mag und mit denen er gerne bestimmte Sachen unternimmt. Zudem vermag auch ein egoistischer Mensch einem anderen Wohlwollen entgegenzubringen.

---

[4] L.A. Blum „Freundschaft als moralisches Phänomen in: Deutsche Zeitschrift für Philosophie 45, 1997, S. 217-233, Kapitel III, S.:223
[5] Vgl. L.A. Blum „Freundschaft als moralisches Phänomen in: Deutsche Zeitschrift für Philosophie 45, 1997, S. 217-233, Kapitel V, S.: 224

"Nur Fürsorge im ausgeprägten Sinne ist mit Egoismus unvereinbar."[6] Mit dieser Aussage folgt Blum wiederum den Ausführungen Aristoteles bzw. der Rekonstruktion seiner Texte durch John Cooper[7].

4. „bedingter Altruismus"

Die Freundschaft an sich schafft mit allem, was mit ihr verbunden ist eine „Notwendige Bedingung für die Sorge", auch dann wenn man voraussetzt, dass sich diese Sorge auf einen Freund um dessentwillen richtet.

Blum bezeichnet diesen Zusammenhang als „bedingten Altruismus". Er grenzt sich dadurch von der Haltung Kierkegaards (Taten der Liebe), die er als „universalistisch" bezeichnet, ab. Denn dieser vertritt die Auffassung, dass die freundschaftliche Sorge keinen moralischen bzw. altruistischen Wert haben kann, wenn man diese Sorge nicht in gleichem Maße jedem anderen gegenüber empfinden würde.

Blum interpretiert Auszüge der Kant´schen „Metaphysik der Sitten" insofern, dass Kant die Haltung vertritt, dass die Sorge bzw. der „bedingte Altruismus", der durch die besondere Verbindung der Freundschaft entsteht, nicht jeglicher moralischer Bedeutsamkeit mangelt, aber, dass diese Sorge nicht mit dem moralischen Wert des universalistischen Altruismus zu vergleichen wäre. Nach Blums Meinung schließt Kant damit alle altruistischen Handlungen von dem vollem moralischen Wert des universalistischen Altruismus aus, die auch nur im entferntesten eine Verbindung der Beteiligten beinhalten und somit nicht rein universalistisch sein können. Jedoch gibt es mannigfaltige Formen von Zugehörigkeiten, Verbindungen und Beziehungen zwischen Menschen, wie z.B. Familienmitglieder, Nachbarn, Arbeitskollegen oder Vereinsmitglieder etc.. Schon Aristoteles hat den Begriff der Freundschaft zur Darlegung vieler verschiedener Formen sozialer Verbindungen (Bürgerfreundschaft) zwischen Menschen, die in verschieden Kontexten stehen und in denen wir für einen anderen um seinetwillen sorgen genutzt. Diese Verbindungen können eine Ursprung starker Sympathie und Sorge sein.

Blum ist aber der Meinung, dass auch dieser „bedingte Altruismus", ohne den freundschaftlichen Hintergrund, moralisch gut ist und dass auch diese Verbindungen die Identifizierung mit dem Wohl des anderen beinhalten.

---

[6] L.A. Blum „Freundschaft als moralisches Phänomen in: Deutsche Zeitschrift für Philosophie 45, 1997, S. 217-233, Kapitel III, S.:222
[7] Vgl. L.A. Blum „Freundschaft als moralisches Phänomen in: Deutsche Zeitschrift für Philosophie 45, 1997, S. 217-233, Kapitel VI, S.:227

Er grenzt jedoch die moralische Vorzüglichkeit der Handlungen ein, welche eine besondere Affinität gegenüber einer bestimmten Gruppe und die Feindseligkeit gegenüber einer anderen kennzeichnet.

Kierkegaard unterstreicht lediglich altruistische Handlungen gegenüber Fremden oder gegenüber Menschen, zu denen man in keiner besonderen Beziehung steht. Nach Blums Meinung kann man solch einer Konzeption keine Vollständigkeit beimessen. Obgleich auch eine Konzeption, wie Aristoteles sie vertrat, die dem Begriff der Sorge um einen anderen um seinetwillen so gut wie gar keine Stellung beilegt gleichsam unvollständig sein, denn die Sorge ist es, der moralischer Wert zukommt.

Der „bedingte Altruismus" setzt voraus, dass man um das Wohl von Nicht-Freunden bzw. Nicht-Nachbarn, etc. nicht so besorgt ist, wie um die Freunde, Familie, etc., womit er keinesfalls eine unzureichende Haltung gegenüber den Nicht-Freunden einschließt.

5. Nachwort

Diese von Blum analysierten Konzeptionen der Freundschaft weisen Analogien zur kantianischen Konzeption der altruistischen Gefühle auf. Die Konzeption des „Naturprozess" entspricht Kant´s Auffassung, dass altruistische Gefühle wie ein Naturprozess funktionieren und wir diese als moralische Charaktere nicht steuern und diese somit auch nicht moralisch bewertet werden können. Die Konzeption von der „Ausdehnung des Selbst" entspricht Kant´s Auffassung, dass aus Gefühlen oder Gemütsbewegungen zu handeln, einzig eine Befriedigung eines Verlangens darstelle, man handelt aus Eigennutz.

Damit richtet sich Blum abschließend in seiner Argumentation gegen die kantianische Auffassung von der Darstellung des Freundschaftsphänomens in der Moralphilosophie, in dem er zum Ausdruck bringt, dass man entgegengesetzt der kantianischen und der universalistischen Sichtweise exzeptionell Individualschicksale zur Untermauerung von Theorien benutzen muss. Weiterhin sagt er, dass die Freundschaft in der kantianischen Diskussion auf ein Abstraktum reduziert wird, was eine Überbetonung des moralischen Charakters zur Folge hat, sodass wichtige Faktoren, wie z.B. Zuneigung, Freude an gemeinsamen Aktivitäten etc., außer Acht gelassen werden.

Abschließend ist zu sagen, dass Blums These sich gerade auf die Akzeptanz von Parteilichkeit im Sinne der altruistischen Gefühle (Sympathie, Fürsorge, Mitgefühl) stützt und dieses Handeln im Rahmen der Freundschaft als wahrhaft altruistisch anerkannt werden kann. Hiermit ist auch die Widerlegung der kantianischen Absicht verbunden, dass uns in allen unseren Handlungen eine unparteiische Absicht abverlangt wird, um vollständig altruistisch zu handeln.

Obwohl Blum in seinen Ausführungen der Ethik des Aristoteles weitgehend folgt, ist doch anzumerken, dass er in einem Punkt Aristoteles Auffassung kritisiert. Blum ist der Meinung, dass man „[...] jemanden nicht als tugendhafte Person anzusehen [braucht], um sich um ihn als Freund zu sorgen;[...]"[8]. Aristoteles scheint diese Auffassung, dass man sich den Freund nach seinen moralischen Qualitäten bzw. nach den moralischen Qualitäten dieser Freundschaft aussuchen müsste, in seiner Nikomachischen Ethik zu vertreten und zum zentralen Merkmal zu machen, wobei jedoch der kooperative Aspekt vernachlässigt wird, der für Freundschaft bezeichnend ist.

Die Frage nach der Definition von Tugend wurde hierbei jedoch nicht geklärt. Denn heutzutage versteht man unter einer tugendhaften Person etwas anderes als es zu Zeiten des Aristoteles der Fall war. Heute könnte man Tugend eher mit Tauglichkeit bzw. "vernünftig handeln" übersetzen. Und die Tugendfreundschaften des Aristoteles zeichnen sich dadurch aus, das man selbstlos um des Freundes wohl um seinetwillen besorgt ist. Diese Freundschaft baut auf eine wechselseitige Aktivität zwischen zwei „Gebern". Und auch die Freundschaft in Blums Sinne verlangt eine wechselseitige Aktivität und die Fürsorge um den anderen um seinetwillen mit einer Identifizierung seines Wohls. Meiner Meinung nach unterscheiden sich hier die Ansichten Aristoteles und Blums nicht weitgehend, bis auf die jeweilige Ansicht von Tugend.

---

[8] L.A. Blum „Freundschaft als moralisches Phänomen in: Deutsche Zeitschrift für Philosophie 45, 1997, S. 217-233, Kapitel IX, S.:232

Quellenverzeichnis

1. Lawrence A. Blum „Freundschaft als moralisches Phänomen"
   in: Deutsche Zeitschrift für Philosophie 45, 1997, S. 217-233

2. Philosophie der Freundschaft, Hg. Klaus-Dieter Eichler, Reclam
   Leipzig, 2000